憲法9条を知るための「10の問答」

国の平和と安全、国民の命はどのように守られているのか

JN077683

逸見 博昌

悠光堂

はじめに

まず、次の問答をお読み下さい。

(問) あなたは、日本という国(注)が好きですか。

(注) ここで「国」とは、「政府」のことではありません。国会議員の選挙によって交替のある「政府」ではなく、**自分が生まれ、育った長い歴史と伝統を持った「国」**のことです。

(答) 好きです。

人それぞれ、次のようなことを誇りに思い、幸せと考えているのではないでしょうか。

○ 遠い昔から、先祖代々日本人として生まれ、生きてきたこと。
○ 世界でも稀な長い独特の優れた歴史、文化、宗教、伝統、慣習等を持っていること。
○ 個人の自由、権利が尊重され、法の支配が認められる民主主義国であること。
○ 四季のはっきりした、美しく、豊かな自然の中で生活できること。

(問) 今後も長く続いてほしいと思いますか。

(答) はい。いつまでも続いてほしいと思います。

多くの人たちは、先祖から受け継いだ日本という国が、美しく豊かな自然の中で、独立国として、平和で安全に、しかも末長く続くことを願っているのではないでしょうか。

（問）そのためには、一体、日本はどんな国になればよいと考えていますか。
（答）日本が、世界の中で独立した、真に平和を愛する国となることです。

そのため、日本は、次のような国になることが期待されているのです。

○　平和を愛し、決して、他国を侵略しない国であること。

○　平和を愛する国として尊敬され、決して他国から侵略されない国であること。

以上の3つの問に対して、おそらく日本国民の多く（注）は、右に述べたように答えるのではないでしょうか。そして、**日本国憲法9条（その解釈を含めて）は、日本国民にまさにそういう国をつくろうと呼びかけている**のです。

（注）最近の世論調査を見ますと「**日本を好きですか**」という問いに、おおむね**80％前後**の人々が「はい」と答え、次も日本に生まれたいと考えているのです。

そこで、普段は憲法にほとんど接することのない、しかし**日本を好きな人たちのため、日本国憲法9条が、実際にどういうことを定めているのか正しく知っていただく**ため、これまでの**政府（自民党）の解釈**（注）**を基本**として、できるだけやさしくを心掛けてこの小冊子をまとめました。

（注）**９条の文言**（問２に掲載）を素直に読めば、我が国は**「戦力」を持てない**ので、外国から侵略があれば滅びてしまいます。こうした事態を防ぐため、政府（自民党）は**我が国が「自衛権」を有し**（10頁参照）、**９条の下でも必要最小限度の「武力行使」をすることが出来るという解釈を導き出した**のです（問2、問3、問4参照）。

憲法９条のこの解釈は、現実に**「我が国の平和と安全を維持し、その存立を全うするとともに、国民の命を守る」**という点で、最も優れていると考えています。

これを先ず、子供たちの心の成長に大きな影響を与える**小学校、中学校そして高等学校の先生方**に読んでいただき、**「国の守り」**そして**「平和な日本」**の実際の姿についてしっかりした見識を持っていただきたいのです。

また、憲法の改正が政治の場で現実の問題になろうとしている時、**憲法改正の国民投票**（注）**に参加される一般の国民の皆様方**にも是非これをご一読いただき、９条について正しい知識と自信を持って投票に臨まれることを期待しています。

（注）令和３年６月、憲法改正の是非を問う国民投票の利便性を高める**改正**「**国民投票法**」が成立しました。これで、**国会における憲法改正論議が加速されることが期待**されます。

目次

はじめに …… 3
「10の問答」への出発点として …… 10
憲法９条を知るための10の問答 …… 14
問１　憲法（正式には「日本国憲法」）とは、どういうものですか。 …… 14
問２　戦争と平和への国の取り組み方を定めている憲法９条は、具体的にどういうことを定めているのですか。 …… 16
問３　憲法９条の趣旨は分かりましたが、それでは外国から武力の行使があった時、それに対して我が国が自衛のためにとる措置は、この憲法からどのように導き出すことができるのですか。 …… 18
問４　憲法９条を読んで自衛隊を違憲だと言う人たちがいますが、政府が自衛隊を合憲とする理由を教えてください。 …… 20

問5　自民党は、現在の9条はそのままにして、その後に9条の2を追加してそこに自衛隊を明記する改正を考えているようですが、どんなねらいがあるのですか。……22

問6　日本は、米国と日米安全保障条約（新安保）を結び、それによって、日本の各地には米軍の基地があり、多くの米国軍人が駐留していますが、日本は一体どのようにして他国の軍事的侵略から我が国を守ろうとしているのですか。
また、核兵器（その使用を含む）についてはどのように理解したらよいのですか。……24

問7　政府は、平成26年、それまでの憲法の解釈を変更して、今まで認められていなかった「集団的自衛権」の行使を限定的に認めることとしたと言われていますが、どういうことですか、また、なぜそんなことをしたのですか。……30

問8　護憲派平和主義者について、……32
(1)　この人たちは、一体、どんなことを考え、何をしようとしているのですか。
(2)　この人たちは、政府は、戦争をするために憲法9条を改正しようとしていると主張していますが、本当ですか。

問9　自衛隊の存在を認めない護憲派の人たちは、我が国が万一、外国から武力攻撃を受けた時、国の平和と安全そして国民の命を実際にどのようにして守ろうとしているのですか。……36

問10　憲法改正の手続きと、憲法制定の経緯……39

（1）我が国では、憲法が制定されて以来、70年以上、一度も改正されていません。これは世界でも極めて異例のことのようですが、なぜ改正されなかったのですか。支障は生じていないのですか。

（2）「日本国憲法」は、日本人が作ったのではないという人たちがいますが、実際にはどういう経緯と手続きを経て制定されたのですか。

「10の問答」のまとめ……42
各質問に関する追記……44
おわりに……58
（参考）
その一……66
その二……68

「10の問答」への出発点として

○**人間の世界から、戦争をなくすことはできないのでしょうか。**

私たちは、個人としては、きっと誰もが**戦争のない平和な世界を求めています**。ところが、現在の国際社会すなわち国際連合とその加盟各国は、その憲章やそれぞれの憲法で、**戦争はなくならない**という考えに基づいた様々な定めを設けています。残念ながら、私たち人間（注）は、そういう世界で生きていることを、まず、理解しておくことが大切ではないでしょうか。

（注）哲学者として高名な**西田幾多郎《きたろう》氏**は、「**我々の心は、本来、神と悪魔との戦場である**」という言葉を残されています。これは、人間の心は、私たちに**神のような行動（平和）**をとらせることもあれば、**悪魔のような振る舞い（戦争）**をさせることもあり、人間社会の出来事を、その一方の立場だけから捉《とら》えるのは適切ではない、と示唆されているのではないでしょうか。

（西田氏の言葉から見た護憲派平和主義者の言動の問題点については、問8と問9を参照）

○なお、我が国は、主権国として固有の**自衛権**を持ち、そして、我が国の平和と安全を維持し、その存立を全うするため、必要な場合に**自衛の措置**をとることができるのは、当然のことなのです（国際連合憲章51条。最高裁大法廷判決、昭和34年12月16日）。

○以上のことを踏まえて、我が国は**恒久の平和を念願**しつつ、**憲法９条（その解釈）の下で**、**「国の守り」**について次のように定めています。

1．まず、我が国は、決して先に他国を攻めることのない「**平和国家**」であることを、国の内外に示しています（**憲法９条１項**）。

2．そして、我が国は、実際の国の守りについて次のような施策を講じています（**憲法９条２項の解釈**）。

(1)　我が国の平和と安全を維持し、国民の命を守るため、必要最小限度の実力を備えた「**自衛隊**」を設けています。

(2)　また、現状では、我が国の守りは自国の実力だけでは十分ではない（例えば核兵器を持っていない）ため、我が国を米国と共同で防衛するため、「**日米安全保障条約**」を結んで対処しています（問６参照）。

(3)　なお、自衛隊の持っている実力と、駐留米軍の軍事力は、普段は他国から戦争を仕掛けられないための**抑止力**として働くことが期待され、そして万一、他国から攻められた場合には、この抑止力で**反撃**することとされているのです。

○この外、我が国は、国家間の平和と安全の維持、各国間の友好の促進を図るために設けられている「**国際連合**」(注)（現在、１９３か国が加盟）に加盟しています。

（注）現在世界の主要国のすべてが加盟している「国連」の活動の基本原則を定めている「**国際**

連合憲章」には、「すべての加盟国は、その国際関係において、武力による威嚇《いかく》又は武力の行使を、……慎まなければならない。」（2条4項）と定められており、**加盟国は「武力の行使」が原則として禁止**されています。

ただし、この原則を破って侵略国が出た場合には、①この侵略国を排除するため、安全保障理事会の決議によって、**「国連軍」又は「多国籍軍」による「武力の行使」**が認められています（42条）。

また、②安全保障理事会の決議が出るまでの間、侵略国を排除するため、侵略を受けた国は、**「個別的自衛権」又は「集団的自衛権」に基づく「武力の行使」**が認められています（51条）。

このように、国連憲章は**戦争は違法**であるとすると同時に、侵略を受けたすべての国に**個別的**及び**集団的自衛権を認めている**のです。

憲法9条を知るための10の問答

問1 憲法（正式には「日本国憲法」）とは、どういうものですか。

答　憲法とは、**国を治めるための基本法**です。すなわち憲法には、天皇、戦争の放棄、国民の権利及び義務、国会、内閣、司法、地方自治（都道府県や市（区）町村に関すること）等、**天皇の地位と役割、国民の権利・義務のほか、日本の国と国民が正しく健全に存続していくために必要な国と地方の制度や仕組み（機関や作用）の基本**となることが定められています（全体で１０３条）。そして、その**９条**には「戦争の放棄、戦力及び交戦権の否認」と題して、**戦争と平和への国の取り組み方**についての定めが設けられているのです。

また、憲法は「**国の最高法規**」であると定められています（98条1項）。従って、憲法に違反する法律等は**無効**とされています。

なお、「**天皇**又は**摂政**及び国務大臣、国会議員、裁判官その他の**公務員**」については、**公務**

を行なう**（公権力を行使する）という特別な理由がある**ため、**特に、憲法を尊重し擁護する義務を負う**と定められています（99条）（注1）。ここには公務員以外の**一般国民**は含まれていませんが、それは一般国民のこの義務を否定したものではありません。**一般国民は日本国民としてこの憲法の制定者であり、主権者でもあるため**、憲法を尊重し、擁護しなければならないのは**当然のこと**であるから書かれていないのです（注2）。

（注1）最近、憲法改正の取り組みに前向きな姿勢を示した菅首相に対し、ある政党は「**憲法遵守義務（憲法99条）を無視して改憲の旗を振るなど許されません**」と国民に訴えています。しかし、**国会議員であり、かつ、国の政治の最高責任者である首相が、制定から70年余り経過し、世界の状勢や国内事情の変化等に合わせるため、我が国と国民にとって最善と信ずる憲法の改正を国民に訴える**ことは、何ら憲法の尊重・擁護の義務に違反するものではありません。

（注2）なお、一般国民を含む日本国民は、憲法の中でも特にその生活・活動の基本となる「**自由及び権利**」について、「**国民の不断の努力によって、これを保持しなければならない。又、国民は、これを濫用してはならない……**」という責任と濫用の禁止が定められている（12章）ことに留意して下さい。

（44頁の「問1の追記」を参考に読んで下さい。）

問2

戦争と平和への国の取り組み方を定めている憲法9条は、具体的にどういうことを定めているのですか。

憲法第9条〔戦争の放棄・戦力及び交戦権の否認〕

1　日本国民は、正義と秩序を基調とする国際平和を誠実に希求し、国権の発動たる戦争と、武力による威嚇又は武力の行使は、国際紛争を解決する手段としては、永久にこれを放棄する。

2　前項の目的を達するため、陸海空軍その他の戦力は、これを保持しない。国の交戦権は、これを認めない。

答　憲法9条は、**二つのことを宣言**しています。まず、国際法で一般的に違法とされている**「戦争」を放棄する**こと、次いで、その放棄した戦争を行なうための**「戦力」を持たない**ことを宣言しているのです。

もう少し詳しく説明しますと、まず、**9条1項**では、国家間で対立・紛争が生じている時、相手国が侵略してきていないのに、自国の意思を押し通すために、**こちらから先に相手国に武力の行使等をすることが禁止**されているのです。しかも、これを単に禁止するのではなく、**「永**

久にこれを放棄する」と強い表現が使われており、重く受け止めなければならないのです。憲法9条を改正しようとする人たちでも、**この趣旨に反対する人は誰もいない**のではないでしょうか。

次に、**9条2項**では、戦争を目的とするか否かを問わず、我が国が一般的に「**軍**」とか「**戦力**」といわれるものを持つことが禁止されているのです。すなわち、9条はその文言からは、我が国は**自衛のためを含むあらゆる武力の行使が禁止されているように見える**のです。しかし、憲法9条の文言だけを見て、憲法が言いたいことをそのように結論づけてはいけないのです（次の問3を読んで下さい。）。

問3

憲法9条の趣旨は分かりましたが、それでは外国から武力の行使があった時、それに対して我が国が自衛のためにとる措置は、この憲法からどのように導き出すことができるのですか。

憲法第13条（個人の尊重・幸福追求権・公共の福祉）
すべて国民は、個人として尊重される。生命、自由及び幸福追求に対する国民の権利については、公共の福祉に反しない限り、立法その他の国政の上で、最大の尊重を必要とする。

答　問2で述べたように、**憲法9条の文言だけを読みますと**、我が国は、自衛のためを含むあらゆる武力の行使が禁止されているように見えるのです。そこで政府は、「憲法9条については、**憲法13条が国に対し、国民の生命、自由等について国政の上で最大の尊重を必要とする旨定めている趣旨を踏まえて考える**」ことが大切であると指摘しているのです（平成26年7月1日の閣議決定）。そうしますと、例えば、**殺人、強盗等の国内の犯罪から国民を守ることが国の責務**であるのと同様に、**外国の軍隊の侵略**（これによって、**大規模な殺人、放火、器物損壊等**が発生します。）**から国民を守るのも国の当然の責務である**ということになります。

そこで、この**憲法13条の趣旨を踏まえて考えますと**、憲法９条が、我が国が自国の平和と安全を維持し、国民の命を守るため、外国の軍隊の侵略に対し必要な自衛の措置をとることを禁じているとは解されません。というよりそう解してはいけないのです。すなわち、**憲法９条の下において、我が国は、外国からの武力の行使に対して必要な自衛の措置をとることが認められている**と解されるのです（12頁の国際連合憲章51条参照）。

ただし、政府はこの**自衛の措置**については、あくまで外国の武力攻撃によって国民の生命、自由及び幸福追求の権利が根底から覆されるという**急迫不正の事態に対処**し、国民のこれらの権利を守るための**やむを得ない措置**として初めて認められるものであり、そのための**必要最小限度の「武力行使」**が許容されると解しているのです。

（45頁の「問３の追記」を参考に読んで下さい。）

問4

憲法９条を読んで自衛隊を違憲だと言う人たちがいますが、政府が自衛隊を合憲とする理由を教えてください。

答　問2で述べたように、憲法9条は、その文言からは、我が国は自衛のためを含むあらゆる武力の行使が禁止されているように見えるのです。**自衛隊**（昭和29年「自衛隊設置法」により設置）を**違憲**だとするのは、この立場をとる人たちです。

しかし、前問で述べたように、憲法9条を13条の趣旨を踏まえて考える政府は、「**憲法９条は我が国が自国の平和と安全を維持し、その存立を全うするために必要な自衛の措置をとることは禁じていない**」と解しているのです。そして、自衛隊はその名称が示している通り、**我が国を防衛するすなわち自衛の措置をとることを主たる任務とする組織**（注）（現在、陸・海・空併せて自衛隊員は、およそ23万人弱）として活動しているのです（自衛隊法3条）。

（注）自衛隊は、日本国憲法上は、9条2項で禁止されている**「軍隊」ではなく**、72条に規定されている**「行政」各部の一つ**なのです。すなわち、**自衛のための武力行使等の防衛作用は行政権に含まれる**と解されているのです。

また、政府は、憲法9条が我が国が保有することを禁じている「**戦力**」とは、「**自衛のため**

の必要最小限度を超える実力」(注)であると解しているのです。そして**実際に我が国の陸上、海上、航空の各自衛隊が保有している実力は「自衛のため必要最小限度の実力」**（これは固定されたものではなく、我が国を取り巻く**安全保障環境の変化に応じて変わる**べきものです。ただし、他国に対して**侵略的脅威を与えない**ことが求められています。）であり、保有を禁じられている「戦力」には当たらないのです。

(注) 従って、**核兵器であっても「自衛のための必要最小限度」を超えないものである限り、これを保有することは憲法9条2項によって禁じられていない**のです。
ただし、我が国は核兵器の唯一の被爆国として、「**非核三原則**」によって、**一切の核兵器を持たないという政策をとっている**のです。

以上の点を踏まえて、政府は**自衛隊は憲法9条に違反していない**、すなわち**合憲**であると解しているのです。

（46頁の「問4の追記」を参考に読んで下さい。）

問5

自民党は、現在の9条はそのままにして、その後に9条の2を追加してそこに自衛隊を明記する改正を考えているようですが、どんなねらいがあるのですか。

憲法第９条の２

前条の規定は、我が国の平和と独立を守り、国及び国民の安全を保つために必要な自衛の措置をとることを妨げず、そのための実力組織として、法律の定めるところにより、内閣の首長たる内閣総理大臣を最高の指揮監督者とする自衛隊を保持する。

自衛隊の行動は、法律の定めるところにより、国会の承認その他の統制に服する。

（２０１８年３月、自民党の憲法改正推進本部が発表した条文）

答　現行の憲法9条には、「陸海空軍その他の戦力は、これを保持しない」と書かれています。従って、**「自衛隊」は明記されていません**。

しかし、問3と問4で説明したように、**憲法9条を13条の趣旨を踏まえて解釈**しますと、我が国が「自衛隊」を持つことは、憲法9条に違反しないすなわち**合憲**なのです。そこで、自民党は「自衛隊」を憲法に明記しようとしているのです。

憲法９条のこの追加に関して、自民党関係者の説明を簡潔にまとめますと、自衛隊について、問３と問４で説明した自衛権の行使を含む９条についてのこれまでの解釈を全く変えることなく、従って、**自衛隊の任務や権限は一切変更しない**で、現に国民から信頼されている**自衛隊**（注）**のありのままを憲法に書き込もう**とするだけであるということになります。

（注）最近の国民の自衛隊の支持率は、おおむね**90％**に達しています。

このように、自衛隊を憲法に明記する効果としては、まず、今の憲法９条（２項）の文言を読むだけでは、誰もが自衛隊が合憲であるとは言い切れないため、国民の一部の間で今なお続いている合憲か違憲かの争いに明確に**合憲であると決着をつける**ことに最大の意義があるのです。そしてこのことによって、国民の自衛隊に対する**信頼がより確かなもの**となり、更に、自衛隊員が誇りを持って職務に取り組むことができ、今まで以上にその**士気を高める**ことが期待できるのではないでしょうか。

（47頁の「問５の追記」を参考に読んで下さい。）

問6

日本は、米国と日米安全保障条約（新安保）（注）を結び、それによって、日本の各地には米軍の基地があり、多くの米国軍人が駐留していますが、日本は一体どのようにして他国の軍事的侵略から我が国を守ろうとしているのですか。また、核兵器（その使用を含む）についてはどのように理解したらよいのですか。

（注）いわゆる「**旧安保**」は、昭和26年（1951年）9月8日、吉田茂首相の下でサンフランシスコ講和条約の締結と同時に結ばれましたが、日本にはまだ国を防衛する自衛隊はなく、これは事実上、**「米軍駐留協定」**となっていました。

答　我が国では、昭和29年に自衛隊がつくられ、そして昭和35年（1960年）1月19日、岸信介首相の下でいわゆる**新安保**が結ばれ、これが現在も有効に継続されています。新安保が60年間も続いていることは世界的にも大変珍しく、日米同盟はこれまでの歴史の中でも、極めて成功したものと言われています（注）。

（注）成功の理由は、米国にとっては、日本の基地なしでは、アジア、インド洋、中東方面への米軍の軍事的展開は不可能であり、日本にとっては、米国の核抑止力が我が国の安全にとっ

て不可欠であるというように、**日米双方にとって、相手国の存在が必要であった**からです。

この新安保は手短に言えば、日本は米国に**基地を提供する義務**を負い(注)、米国はそれを使用して、日本を我が国と共に**共同防衛する義務**を負っているのです。これにより、旧安保よりも、日米両国が共に相手方に責務を負うという「**双務性**」が高められたのです。そして日本は我が国を取り巻く安全保障環境の中で、当時もそして現在も、我が国だけで国の防衛に万全を期すことが困難なため、この新安保によって極めて長期間にわたり平和と独立を保っているのです。

(注) 最近でも、北は北海道から南は沖縄まで、**78の在日米軍施設・区域**が、**日本全国に点在**しています。なお、その多く(**31施設・区域**。全体の約40%)が**沖縄県に集中**しているのです(令和2年3月31日現在)。

ところで、**現役勤務の米国軍人**(総数はおよそ130万人強)のうち、**外国駐留軍人数**はおよそ16万5千人強です。そのうち**日本には最も多く**、全体の約三分の一の**5万6千人強の軍人**(そのうち、**半数近くが沖縄県**)**が駐留**しているのです。ちなみに、**第2位はドイツ**(3万5千人強)、**第3位は韓国**(2万6千人弱)です。——以上の数字は、米国防総省の下部組織である国防人員データ・センターの資料に基づいて、沖縄県が編集した資料(2019年3月31日現在)によるものです。

新安保の下、日米両国は憲法9条1項があるため、こちらから他国に対して戦争を仕掛けることはありません（問2を参照）。すなわち、日米双方の軍事力は、普段は**外国から戦争をしかけられないための抑止力**として働いているのです。

そして万一、日本が他国から戦争をしかけられた場合には、**米国が「矛《ほこ》」（攻撃力）**を提供し、**日本は「楯《たて》」（守り）**として「**専守防衛**」にとどまるというのが、これまでの新安保の下での**日米の協力のあり方**なのです（注）。

（注）最近の世論調査では、日本を守るための方法として、「**日米安保体制と自衛隊で**」を支持する人は、おおむね**85%**に達しています。誠に残念ながら、今では国民にとって「**国の守り」は「対米依存」が言わば当たり前**のこととなっているのです。

しかし、日米同盟については、近年、米中間の経済力、軍事力の差が確実に縮小していく中、中国、ロシア、北朝鮮等の力に立ち向かうため、米国は、世界第3位の経済大国である我が国に**対等のパートナーとして、その力を期待**する方向に向かいつつあり、具体的には、我が国としては**飛来するミサイルを撃ち落とす能力を強化**することや、侵略者の日本攻撃をためらわせる抑止力として、誘導弾等の**敵基地攻撃能力を保有**すること（これは法理的には、自衛の範囲に含まれています。）等について検討することが求められているのではないでしょうか。

ここで、**核兵器**について付言しますと、令和3年1月22日、**核兵器の保有や使用を全面的に禁止**する「**核兵器禁止条約**」が、現に核兵器を持っていないいわゆる小国等を中心に、50ヶ国によって批准され、発効しました。

ところで、我が国の周辺には、この条約を批准しないまま、核兵器を保有し、しかも国家間の紛争を軍事力によって解決しようとする**中国**、**北朝鮮**、**ロシア**が存在しています。しかも**我が国は、**前述したように「非核三原則」によって**核兵器を持つことを自制している**（問4参照）**ため、国を確実に防衛するためには、米国の核抑止力に頼らざるを得ない**のです。ところが新しく成立した条約は、**核による「威嚇《かく》」も禁止**しているため、我が国はこの条約を批准すれば、米国の核抑止力が認められなくなるため、誠に残念ながら**この条約を批准することができない**のです。

こうして我が国は、近辺の安全保障環境が根本的に変わらない限り、我が国から米国との同盟を打ち切ることができない立場にあるのです。

なお、核兵器については、米・ロはすでに千発単位で保有していると言われていますが、先の大戦末期に米軍によって日本に使われて以来すでに70数年間一度も使用されていません。このことを少し楽観的に過ぎることを承知の上で、期待を込めて説明を続けますと、それは**日本**

での被害の状況が余りにもすさまじく、非人道的であることが世界中に知れ渡っているため、保有する各国（現在、10か国前後）の指導者たちは、他国に先がけて使用すれば**最悪の非難を一身に浴びて孤立する**ばかりか、万一、戦う双方の国によって、性能の高い数多くの核兵器が一せいに使用されれば、**地球環境の取り返しのきかない破壊と汚染を招き**、自国民を含む人類が地球上で安全で豊かに生活することができなくなることを知っているからではないでしょうか。

従って、現在いわゆる大国は、核兵器の使用を極限まで抑制し、従って核兵器を他国からの先制攻撃を防ぐための**いわゆる「抑止力」として保有している**というのが実態ではないでしょうか。そこで核兵器による被害を受けた唯一の国としての我が国には、核兵器が決して使われないよう、あるいは核兵器に対する姿勢が今のまま永続されるよう、世界に向けて最大の努力を続けることが期待されているのではないでしょうか。

しめくくりに、「**核戦争に勝者はない**」（**ゴルバチョフ**元ソ連の書記長・初代大統領）という言葉が世界各国のリーダーの共通の思いとなることを期待したいものです。

（49頁の「問6の追記」を参考に読んで下さい。）

問7

政府は、平成26年、それまでの憲法の**解釈を変更**して、今まで認められていなかった「集団的自衛権（注）」の行使を**限定的**に認めることとしたと言われていますが、どういうことですか、また、なぜそんなことをしたのですか。

（注）集団的自衛権とは、**被害国から要請**を受けた国が、**被害国の防衛を援助**するために、必要最小限度の武力行使をする権利です（国連憲章51条）。

答　我が国は、**外国からの武力攻撃**があってはじめて自衛の措置をとることができるのですが、これまでの政府の見解（昭和47年政府見解）では、この外国からの武力攻撃は、「**我が国に対する武力攻撃**が発生した場合に限られる」と解釈されてきたのです。

しかし、近年の我が国を取り巻く安全保障環境が大きく変化する中で、安倍政権は、この場合に限らず、「**他国に対する武力攻撃**」が発生した場合であっても、**我が国の存立がおびやかされる事態（存立危機事態）が発生する場合もあり得る**ことから、我が国の武力行使が許容される場合として、この場合も加えて解釈することとした、すなわち**解釈の変更**をしたのです（平成26年7月1日閣議決定）。

こうして、我が国が自衛の措置をとり得る場合として、我が国と密接な関係にある他国に対する武力行使が発生した場合を契機とするものが含まれることになったのですが、それは**憲法上**は被害の発生した他国の防衛を援助するためでなく、あくまでも、**我が国の存立を全うし国民を守るため**、すなわち我が国を防衛するための止むを得ない自衛の措置として許されるものなのです。

集団的自衛権の行使は、本来、**他国の防衛を目的**として行なわれるものですが、ここで認められる集団的自衛権の行使は、憲法９条の精神から、そのきっかけは別として他国の防衛を目的とせず、**もっぱら自国の防衛の目的のみ**で武力行使が行なわれるということで**限定的**であり、世界に例がないのです。

なお、我が国がこのように集団的自衛権の行使を限定的にでも認めることとしたのは、中国の海洋進出の活発化や北朝鮮の核開発が、**近年、我が国に重大な脅威**となってきている状況の中で、**あらゆる事態への切れ目のない対応を可能とする**とともに、問６で述べた新安保の**双務性**（日米の双方が互いに義務を負うこと）を少しでも高めて、**日米の同盟関係をより堅固なもの**としようとするものなのです。

また、別の観点から言いますと、政府としては最近「**米国第一主義**」を唱え、世界から手を引こうと内向きになっている米国に対し、この制度の実現によって、改めて**我が国がいかに「日米同盟」を重要であると考えているか再認識させたい**と考えているのではないでしょうか。

問8

護憲派平和主義者について、
(1) この人たちは、一体、どんなことを考え、何をしようとしているのですか。
(2) この人たちは、政府は、戦争をするために憲法9条を改正しようとしていると主張していますが、本当ですか。

答(1) **護憲派の人たち**はその言動から判断しますと、さまざまな思想・信条を持っているようですが、**憲法9条を中心とする現行の「平和憲法」をしっかり守る**、そしてそのためには**憲法改正を企む自民党・政府を打倒したい**という思いでは一つにまとまっている（この点では、現在の**立憲民主党、日本共産党**等の立場とほぼ一致している。）といえるのではないでしょうか。

ところで、憲法学者は、基本的には憲法の条文をできるだけ合理的に解釈し、国民に説明するのが役割です。ところが、**護憲派憲法学者**と呼ばれる人たちは、あるいは現在の厳しい安全保障環境に目を閉ざし、憲法9条の文言にこだわって「**自衛隊**」や「**新安保**」を**違憲**とし、あるいは「**憲法9条を守れ**」、「**平和を守れ**」**などと主張して、政治的運動にのめり込む**など、憲法学者としての役割を適切に果たしていないのです。

こうして、広く護憲派の人たちは**我が国の平和と安全が、実際には70年近く、憲法9条の解

釈によってその存在が認められてきた自衛隊と駐留米軍の抑止力によって守られている現実に目を閉ざしているのです。そして、「二度と戦争をしてはいけない」と堅く信じている多くの国民に対しては、我が国の平和と安全はもっぱら「**平和憲法**」によって守られてきたと一方的な**非武装平和主義の主張**（注）を繰り返し伝えて、あくまでも**憲法を今のまま守り続けようとしている**のです。

（注）この主張は、素直に「平和」を求めている多くの国民を、ただ「平和」「平和」と唱えて憲法9条を守っていれば、国が自衛のための武力を持たなくても国の平和は守れるという誤った考え方に導き、我が国**の「滅亡」につながる危険性を含んでいる**のです。

次に、右に述べた「国の守り」についての現実無視の姿勢とは別に、護憲派の人たちが抱えている問題点を二つ指摘しておきます。

まず、護憲派の人たちは、**国民が主権者である民主主義国家では、国民自らが国を守る建前である（国民自らが守らなければ、一体、誰が国を守るのでしょうか）、すなわち「国民皆兵」**（注）**が建前であると**いうことなど一度も考えたことがないのでしょう。従って、**「自分たちの国は自分たちで守る」という国防の原点についても、自分たちとは何のかかわりもないと考えている**ように思われます。残念ながら、護憲派の人たちは、この点では、**民主主義国家の一員としての自覚に欠けている**と言ってよいのではないでしょうか。

（注）「**国民皆兵**」が建前であるといっても、実際には国の事情によって、この原則がそのまま実現されているわけではありません。しかし、多くの民主主義国では、「**徴兵制**」が採用されています。その中で我が国では、国会が法律で「**自衛隊**」（**志願制**）を設け、その自衛隊員が**国民に代わって、国民のために**国の防衛の仕事に携わっているのです。

なお、**我が国が自衛隊に「徴兵制」を採用することは、国民に兵役という役務の提供を義務として課すものであり、現行の憲法秩序の下では、憲法13条、18条等の規定の趣旨から許容されない**と解されています。

また、護憲派の人たちは、人間の心が「神と悪魔との戦場である」（10頁の（注）参照）にもかかわらず、**人間の心の悪魔性には目をそむけ**、人間の心は神のようで、世界から戦争をなくすことが出来ると信じている（あるいは信じようとしている）という点では、そもそも**人間の心の働きのとらえ方に片寄りがあり**、人間世界の現実をありのままに見ようとしていないと言わざるを得ないのではないでしょうか（次の問9及び（問9の追記）参照）。

⑵　これに対して、戦後、長期間にわたって日本の国政を担ってきた政府（自民党）は、**国の平和と安全、国民の命の確保の問題に直接の責任を負っている**立場から、この問題に対しては真剣に向き合い、憲法9条の改正については、**戦争をするためというより、戦争をしなくてすむ**

ようにするためにはどうしたらよいかに重きを置いた検討を続けているのです。そして、実際の防衛力についても、もっぱら他国から戦争をしかけられないようにするため、我が国を取り巻く安全保障環境の現実に適切に配慮しつつ、**抑止力の充実・向上**に努めているのです。

なお、**国防の問題は、一瞬《いっとき》の油断も、国の大事に至る**恐れがあることから（注）、政府は常に備え（守り）に万全を期しておくのは、当然のことなのです。

（注）国際社会では、国の武力（軍事力）に少しでもスキをつくれば、取り返しのつかない事態を招くのです。例えば、先の大戦で、日本が連合国に降伏し武装放棄した直後に、ソ連は「**北方四島**」を不法占拠し、また、我が国が米国の占領下でまだ独自の自衛力を備えていない間に、韓国は「**竹島**」を不法占拠したのです。

「**尖閣諸島**」について中国は、第二次世界大戦後、台湾が日本から返還された時に、尖閣も同時に返されたと主張しています。しかし、歴史的には尖閣は、昭和47年（1972年）の「**沖縄返還協定**」で、米国が日本に返還した地域の中に明確に含まれているのです。

ところが、現在、米国は尖閣について日本の**施政権**は認めながら、**領有権**は認めていません。そこで我が国としては、**尖閣は日米安全保障条約5条の対象に入る**という米国の発言に満足するだけでなく、尖閣の守りをしっかり固めつつ、**米国に対し前述した「協定」に基づいて、尖閣について日本の領有権を認めるよう強く働きかける**ことが重要ではないでしょうか。

（51頁の「問8の追記」を参考に読んで下さい。）

問9

自衛隊の存在を認めない護憲派の人たちは、我が国が万一、外国から武力攻撃を受けた時、国の平和と安全そして国民の命を実際にどのようにして守ろうとしているのですか。

（注）護憲派平和主義者の主張は、もっぱら『平和憲法の破壊は許さない』（日本評論社、2019年1月30日出版）から引用しました。

答　護憲派の人たちは、まず我が国の平和と安全そして国民の命を守るために設けられている憲法9条について、「**憲法9条には、専守防衛に徹しつつ、他国への『安心の供与』や『真の合理性のある非軍事手段の追求』を基本とする**ことで、日本国民および地域の人々の安全を確保していくという**安全保障政策の方向性を示すもの**として、かけがえのない存在意義があります。」と一方的な理解をしてほめたたえ、これに強い期待を寄せているのです。

そこで、**国の守り**については、我が国は「安全保障の手段として軍隊を持つ『普通の国』とは異なり、**軍事力によらず安全保障を実現するいわば『積極的非暴力平和主義』を目指すべき**」と主張し（注）、そのためには、相手国に日本から攻撃されることはないという安心感を与えるという**「安心の供与」を安全保障政策の基本**とすべきであると述べているのです。

（注）護憲派の人たちの多くは、憲法９条をその文言どおり読んで、我が国は**自衛隊を持つことができない**と考えているのです。

こうして、護憲派の人たちの主張どおり自衛隊も駐留米軍も持たず、「**非軍事手段**」しかとれない我が国に対して、**万一**、他国が我が国からの「安心の供与」を無視して侵略してきた場合、一体、我が国はどのような対抗措置をとることができるのでしょうか。**直ちに降伏する**のか、**警察力で抵抗する**のか、**国民一人ひとりが立ち上がる**のか、あるいは**国際連合に救いを求める**のか、いずれを選んでも、**日本の国そして国民にどのような悲劇が待ち受けているか誰もが容易に想像することができる**はずです。

護憲派の人たちが、**人間の心の神の面のみをみて**（10頁の（注）参照）、人間は戦争をなくすことができるとの理想（夢）の追求が止められず、そのためいかに**人間と戦争について世界の現実から目をそむけた無責任な絵空事**（注１）を並べ立てているか、ここでもしっかり確認していただきたいと思います（問８参照）（注２）。

（注１）護憲派の人たちは、**世界の厳しさ**を次のように認めているだけに、一層無責任なのです。

「今やアメリカ、ヨーロッパ、アジア、中東、アフリカなど、ますます不透明で粗野かつ知性なき時代に突入しつつあります。」

「21世紀は平和の時代の到来と期待されましたが、それはまったくの幻想でした。世界各地で戦争が泥沼化して多くの人々の尊い命が奪われており**各国は軍備拡張政策に奔走し、核戦争勃発の危険性さえ叫ばれています。」**

（注2）護憲派の人たちは、**憲法9条を改正**すると、我が国は再び「**軍事大国**」化し、他国へ戦争をしかける「**戦争国家**」になる危険性が高まると強く反対しています。しかし、自民党（政府）は憲法9条を改正する場合でも、前述したように、**憲法9条1項の趣旨**は残すこととしています（問2参照）。

また、護憲派の人たちは、**我が国が抑止力を高めるためのわずかな防衛力を増強することにも厳しい非難**を浴びせながら、近年、世界中の国々からその侵略性を強く批判されている**中国が、米国を抜いて世界一の軍事大国になるため、軍事力のすさまじい拡充政策を続けていることについてはほとんど口を閉ざしている**のは、一体どう理解すればよいのでしょうか。

（54頁の「問9の追記」を参考に読んで下さい。）

問10

憲法改正の手続きと、憲法制定の経緯

⑴　我が国では、憲法が制定されて以来、70年以上、一度も改正されていません。これは世界でも極めて異例のことのようですが、なぜ改正されなかったのですか。支障は生じていないのですか。

⑵　「日本国憲法」は、日本人が作ったのではないという人たちがいますが、実際にはどういう経緯と手続きを経て制定されたのですか。

答⑴　先ず、日本国憲法がこれだけ長期間改正されなかった理由は、その内容の良し悪しによるのではなく、もっぱら**改正手続の困難さ**によるのです。すなわち、憲法改正を主張する政党があっても、まず**衆議院と参議院の両院で、それぞれ総議員の３分の２以上の賛成によって発議**され、その後、**国民投票による過半数の賛成**がなければならないのですが、この前段の手続（両院で総議員の３分の２以上の賛成で発議）が極めて困難で、どの政党も未だに国会で憲法改正の発議をするまでには至っていないのです。

なお、９条にしぼって考えますと、我が国を取り巻く厳しい安全保障環境の中で、これまでそれが改正されないまま我が国が平和と安全を維持することができているのは、政府（自民

党）によって、**９条が適切に解釈され、その解釈にしたがって国の重要な防衛政策（自衛隊の設置、日米安全保障条約の締結等）が実施**されてきたからであることを理解しておかなければなりません。

（55頁の「問10の(1)の追記」を参考に読んで下さい。）

(2) 次に、少し長くなりますが、**「日本国憲法」の作成の経緯**について大切な点だけを年月を追ってたどります。

昭和20年10月11日、マッカーサー元帥は、組閣したばかりの**幣《しで》原首相に、憲法の改正を示唆**し、首相は、直ちに**憲法問題調査委員会（松本委員会）**を発足させ、検討を始めました。ところが、まだ検討途中の「試案」が某新聞に掲載され、これを読んだマッカーサー元帥は、**日本側にまかせておいては新しい発想の憲法は期待できないと判断し、ＧＨＱ（連合国軍最高司令官総司令部）で日本国憲法のモデル案を作る**こととし、**２月３日**、ＧＨＱの民政局のメンバーに「**マッカーサー３原則**」（天皇、戦争の放棄、封建制度の廃止）を示し、これを導入した日本国憲法の草案づくりを命じました。

２月13日、民政局ではおよそ10日間足らずで「**マッカーサー草案**」を完成し、これを日本側に手交しました（注）。

（注）この手交の際、民政局は、２月８日に松本委員会から正式に提出されていた**日本案を、自**

由民主主義の見地から受け入れられないと拒否しました。これによって日本側のそれまでの憲法改正に関する研究や議論の成果はすべて反古《ほご》にされたのです。

２月22日、我が国は、**閣議で「マッカーサー草案」（英文）の受入れを決定**し、その後はもっぱらその案文を土台にして、日米間で厳しい検討が進められたのです。

４月17日、漸くひらがなの口語体で条文化された「**憲法改正草案**」が発表され、これが**「大日本帝国憲法」の改正手続**に従って、まず、帝国議会で審議、可決された後、枢密院本会議で可決、天皇の裁可を経て、「**日本国憲法**」として**公布（昭和21年11月３日）**、**施行（昭和22年５月３日）**されました。

なお、この憲法は、当時、ソ連等を含む世界11か国から成る**「極東委員会」の同意**を得なければ成立しなかったのです。

以上、「日本国憲法」は形式的には、「大日本帝国憲法」の手続を踏んで制定されています。しかし、そこに至るまでの**制定の経緯**を見ますと、**実質的にはとても日本人が自主的に作ったとは言えない**と判断せざるを得ないのです

（57頁の「問10の(2)の追記」を参考に読んで下さい。）

「10の問答」のまとめ

ここで「**政府**」（**自民党**）と「**護憲派の人々**」と「**一般国民**」の三者について、それぞれの「戦争に向き合う姿勢」と「万一の場合の対応」の違いについて分かりやすく一覧表にまとめました。最下段の「結果」の違いに注目して下さい。

憲法9条の理解の仕方とその結果

	政府（自民党）
戦争に向き合う姿勢	・可能な限り、**他国と戦争をしなくてすむ国をつくる。** ・そのため**自衛隊と駐留米軍が抑止力**として国を守る。 ・我が国が**先に**他国を攻撃することはない。
万一の場合の対応	・万一、他国から攻められた場合、備えた**抑止力で反撃し、撃退する。**
現実に世界で起きている事態（共通）	・21世紀は**平和の時代の到来**を期待されたが、**幻想**で
結果	・**国の存立と国民の命を守ることができる。**—国として責任を果たすことができる。

護憲派の人々	多くの一般国民
・**他国と戦争をしない（あるいはできない）国をつくる。** ・積極的**非暴力平和主義**を目指す。 ・他国への「**安心の供与**」を安全保障政策の基本とする。	・**二度と戦争をしてはいけないという思い**を大切にする。
・**軍事力による安全保障は想定されていない**（非軍事手段の追求を基本とする）。	・現状路線の継続でよい（平和が保たれているから）。
あった。 ・**世界各地で戦争が泥沼化し、多くの人々の尊い命が奪われている。** ・**各国は軍備拡張政策に奔走し、核戦争勃発の危険性**さえ叫ばれている。 （以上は、護憲派の人々の著作物から引用。36頁参照）	
・**国は亡び、国民の命が奪われる。**—国として無責任である。	・政府の結果と同じ

各質問に関する追記

（問１の追記）

その一

憲法98条が、**憲法は「国の最高法規」**であると定めているのは、**憲法は国のためにある**、そして**最高の法規**であるということを明らかにしているのです。しかし、憲法が最高法規であるからといって、決して**憲法のために国がある**、あるいは**国の上に憲法があるというわけではありません。**

従って、日本の平和を守っている**憲法９条には、国は手をつけてはいけない**というような主張（問８参照）は、成り立たないのです。

その二

「**憲法を尊重して守らなアカン義務があるのは誰か**知ってはりますか？ **国民とちゃいまっせ、権力者ですねん**で！　ここんとこ、よう間違えはるけど、間違えんといてや。……」

憲法99条について、**その文言だけを見て**このような解説をしている大学の先生がいますが、問１で述べたとおり、**憲法はすべての日本国民が尊重し、擁護する義務を負う**のは当然のことなのです。

（問3の追記）

問3で述べた**9条の解釈**は、憲法の改正がままならない中で、国政を担当する政府（自民党）が、我が国の平和と独立を守るために導き出し、それに基づいて**自衛隊**を設け（昭和29年）、**日米安全保障条約**を結ぶ（昭和26年、35年）など、すでに我が国の防衛のため、長年月にわたり立派にその責を果たしてきました。その意味では9条2項の文言そのものはすでに**死文化**（文言どおりには、何の効力もないこと）しているのです。

ところで、国民一人ひとりが9条の文言を読んで、この解釈を導き出すことは不可能でしょう。国民の憲法であり、しかも、9条は国の平和と安全、国民の命を守るために最も大切な条文なのですから、9条を**一般国民がその文言を読んで、素直に言わんとすることが正しく理解できるように改める**ことは喫緊の課題と言ってよいのではないでしょうか。

（問４の追記）

問４で説明したように、現在の自衛隊は軍隊（軍事組織）ではありません。他国の侵略から国民を守るという**「行政」の組織の一つ**として活動しているのです。従って、自衛隊には、憲法72条の「内閣総理大臣は、……**行政各部**を指揮監督する。」という定めが適用されます。首相が「自衛隊の最高司令官」であると言われるのは、そのためです。

そこで、自衛隊が海外で行なう活動も、**外交協力**として行なわれており、派遣先の国の同意を得て、建前としては、治安維持やインフラ整備等の、**行政活動を手伝っている**ということになるのです。

ただ、自衛隊の活動の中には、**国際法上の「軍隊」に当たる組織として行なうもの**もあり、その場合には、**国際法による規律を受ける**のは当然のことです。

（問5の追記）

9条2項については、その**解釈が長年にわたって定着**し、従ってその**文言はすでに死文化**しており、その改正の必要性については（問3の追記）で指摘したとおりです。しかし、例えば政府が初めての憲法改正の提案を、国民にとって理解がややむつかしい9条2項の改正とするよりも、まず、国民に憲法の改正という問題になじんでもらうため、すでに国民に親しまれている**「自衛隊」を憲法に明記**するだけの改正にしようと考えるのはごく自然なことではないでしょうか。

なお、護憲派の人たちは自衛隊が憲法に明記されますと、戦前と同様、**軍事優先の社会**となって**思想が統制**され、**学問研究や宗教も国防の犠牲**になり、やがては**徴兵制も実施**される恐れがあるなどと国民に訴えています。

しかし、戦前の**軍国主義**と**超国家主義**のあり方を反省して、今やすっかり**民主主義国家**として定着している我が国では、例えば護憲派の人たちが並べ立てているような国民の自由や権利を制約することは、戦前、戦時中のように決して国民の意思を無視してできるわけではなく、すべて国会に案件を提出して、その審議を経て承認されなければならない、すなわち国民の理解がなければ出来ません（注）。**軍事優先の社会となるかどうかは政府の思いつきによるのではなく国民の意思にかかっているの**です。

（注）現行憲法は、96条でその改正の手続を定めていますが、例えば、**９条１項**（**侵略戦争の禁止**）と**97条**（**基本的人権の侵害の禁止**）は、いずれもそれらを侵すことが**「永久」に禁止**されています。従って、少なくとも**侵略戦争の禁止（平和主義）**と**基本的人権の尊重の改正**は、憲法の基本原理に反する改正として、たとえ**国民の理解が得られても認められない（無効）**とする考え方が有力です。

（問６の追記）

我が国は独立国ですが、**安全保障の分野**に関して、自らの意思で一部の**主権を制限**（米軍基地の米国軍人の治外法権の承認、横田基地の空域での我が国の航空機の飛行禁止等）しています。我が国は自主・自立を目差し、**真の独立国**（注）（我が国を防衛するための米軍の駐留を必要としないこと）となることを決して忘れてはいけないし、それに向かって真剣な努力を続けなければなりません。ただ、それまでの間、現在の**日米同盟をしっかり堅持**しなければならないのです。

（注）真の独立国となれば、我が国にとってそれなりの責任と負担（憲法９条を改正して**普通の自由・民主主義国並みの軍備**を整える必要がある等）が生ずるのは当然のことです。しかし逆に、国が**威信**（対外発言力等を含む）を回復すると共に、国民とりわけ若い人たちが、国への**誇り**と**自信**を取り戻し、国の内外の困難な問題にも今までより積極的に立ち向かい、**国の発展に貢献**するようになることが期待されます。

ところで、最近、「**新安保**」で日米で義務の負い方に差がある（注）ことについて、トランプ前大統領は、「米国第一」の立場から「**アメリカは日本が攻撃されれば日本を守るが、日本はアメリカが攻撃されても守らない**」との発言をくり返し、不満を述べていました。また、一般の米国人の間でも、**米国は「人」（日本人の命）を守る**が、**日本は「物」（基地とお金）しか出**

さないという不満があると言われていることなどについて、日本側としてはしっかり受けとめることが大切ではないでしょうか。

（注）例えば、米国がアジア・太平洋地域の**韓国**、**フィリピン**、**オーストラリア**と結んでいる「**相互防衛条約**」では、米国の領土が攻撃を受けた際のこれらの国の義務が明記されているのです。

ここで、多くの日本人が「**戦争**」という言葉に対して見せる**迷いの姿勢**について触れておきます（それが形成された経緯については、52頁参照）。スウェーデンが、世界各国の18歳以上の青壮年を対象として10年ごとに実施している最近の調査の中で「**もし戦争が起こったなら、あなたは国のために戦いますか**」との問いに「**わからない**」と答えた日本人は**44％**と際立って多く、他国（例えば、米国、中国、韓国の3か国）の平均は**5％**程度なのです。

これは、我が国では子供の頃から、さまざまな戦争体験者から「**戦争は悲惨であり、二度と戦争をしてはいけない**」と諭《さと》されたため、多くの大人《おとな》たちは、例えば他国からの侵略を退けるため、我が国が自衛のための武力の行使をすることに迷いがあるのではないでしょうか。

ところで、「他国を侵略するための武力行使は違法ですが、**他国からの侵略を防ぐため止むを得ず行なう「自衛のための武力の行使（そうしなければ、国の平和と安全、国民の命が守れません。）は、国際法上、正当な行為と認められている**のです（12頁参照）。学校では、この違いを児童・生徒にしっかり教育することが大切です。

（問８の追記）

国を愛する心、すなわち「**愛国心**」という言葉は、明治初年、開国したばかりの我が国が、**欧米の列強と対等な国づくりをする**（当時の人々には、まだそれぞれの「**藩**《はん》」があって、「**国**」についての正しい意識を持った人は少なかったと思われます。）ため、欧米諸国の人々と同様に**国を愛する国民を育てる**ことを目指して作られたもの（国の法律によって定められたものではありません。）なのです。

ところで、我が国では、明治に入って近代国家の仲間入りをしてからつい近年まで、**多くの国民は「国家」についての正常な意識を持つことはできなかった**のです。

まず、いわゆる戦前・戦中（明治～昭和20年8月15日まで）の国家（政府）は、国民に対して「**忠君愛国**」すなわち「**天皇」を国の中心としていただく「国家」を愛し、「忠節」を尽くす**（命を捧げることを含む）よう教育・指導を続け、その勢いのまま大東亜戦争に突入したのです。

そして、敗戦により、この国民の「国家」に対する意識は、正常に戻されることなく、**いわば百八十度の転換を強いられた**のです。そのきっかけをつくったのは、日本の弱体化を計画的に行なった米国占領軍です（注）。

（注）敗戦を契機として、我が国の国政全般は**ＧＨＱ**（40頁参照）の下に置かれることになりま

した。そしてGHQは、**「各層の日本人の精神に、彼らの敗北と戦争に関する罪」**などを**「周知徹底せしめる」**方策をとることとしたのです（昭和20年10月20日付、一般指令第4号）。

すなわち、敗戦後間もなく、**GHQは我が国の「戦争」とそれを行なった「国」を批判し、否定する宣伝計画（WGIP）**を、日本国民に対し、ラジオによっておよそ3年間実施したのです。これによって、戦争直後の精神的虚脱状態に陥っていた日本国民に対して、**戦争についての贖罪意識**と、**戦争に導いた「国」に対する自虐的感覚**を見事に形成していったのです。

そして、我が国の独立回復後、その宣伝計画の趣旨は、国（自民党政府）の姿勢や政策に反対するさまざまな組織や個人によって引き継がれ、例えば**教職員組合**は学校の児童・生徒に対して、また一部の**マスコミ**は一般国民に対して、もっぱら**「戦争」を憎み、国への誇りと信頼を失わせて正しい「国家」意識を育むことを妨げ、「愛国心＝軍国主義」との考え方**を普及させる活動を活発に、しかも長期間にわたり展開したのです。これをしっかり身につけ、それをいわゆる**「平和憲法」**と結びつけて、社会的、政治的な活動に利用しているのが世界でも類を見ない**「護憲派平和主義者」**と呼ばれる人たちなのです。

しかし、今や戦後75年が経過し、しかも近年の中国、北朝鮮等の動向により国際情勢が緊迫する中で、**「国を愛する心・態度」**（いわゆる**「愛国心」**）です。平成18年に改正された教育基本法では、**「我が国…を愛する…態度」**（注）を養うと書かれています（2条（教育の目標）5号。））

という言葉に対して、我が国は漸く正常に向き合うことができる時を迎えているのではないでしょうか。遅まきながら、文部科学省では**「国を愛する心・態度」の教育を、平成30年度に小学校から始めて、順次、中学校、高等学校で実施**することになったのです。

（注）この表現は、**平成18年に改正された教育基本法**で初めて使われたのですが、この年の５月の内閣府の世論調査では、今後国民の間に**国を愛するという気持ち**をもっと育てる必要があると思うかとの問いに、そう思うと答えた人は、**80・４％**に達していたのです。

さて、「国を愛する心・態度」は**すべての子供たちが成長の過程で自然に身につけられるものではなく**、また、**法的に強制**されるものでもありません。それは**「教育」によって子供たち自らが身につける**のが望ましいのです。

そのためには、**学校の先生方**は子供たちに、まず、自分たちが生まれ育った「**郷土**」や「**国**」との結びつきをしっかり確認させた上、先人が残してくれた我が国独特のすばらしい**歴史**や**文化**（文学作品、芸術作品、建築物等）、**伝統等**について正しい知識を学習させ、また、歴史上、先輩がなし遂げた**誇るべき業績等**を適切に伝えることによって、**子供たちは日本という国に誇りを持ち、大切にしようという思いを抱く**ようになると思われます。そしてこれを母体として、**子供たちの心に「国を愛する心・態度」が素直に生まれ、そして確かなものとして根付く**ことが期待できるのではないでしょうか。

（問９の追記）

アフガニスタンで、医師として長年にわたって現地の人々の医療のほか水資源の確保、国土の開発等に尽力された傑出したヒューマニストの**中村哲氏**が、一昨年12月４日、テロリストによって殺害されたという情報に接しました。

激しい内乱が続く現地で厳しい経験を重ねながら、かつて中村氏は「**アフガニスタンにいると『軍事力があれば我が身を守れる』というのが迷信だと分かる。敵をつくらず、平和な信頼関係を築くことが一番の安全保障だと肌身に感じる**」と語っておられました。戦争に関するその理想の思いは、護憲派の人たちに共通するものがあるように思われます。ただ、中村氏が**個人**としてこのような理想を貫かれたことについては**心から敬意を表する**ものですが、護憲派の人たちが同じような理想を**国の防衛のあり方**にそのまま適用しようとすることには**賛成できない**というより**強く反対**しなければなりません。

国そして国民が、中村氏と同様の運命をたどることは、絶対に避けなければならないからです。

（問10の(1)の追記）

ここで、まず、**自民党の憲法９条の改正に取り組む姿勢の変化**について、手短かに付言しておきます。

敗戦後の国の厳しい財政・経済状況と国民の窮乏した生活が続く中で、昭和20年代に長期間政権を担当していた**吉田茂首相**（当時「自由党」総裁）は、昭和29年、自衛隊の創設に当たり、早々と**「軽武装で経済優先の政策」**（この政策は、**国の守りは当分の間、米軍に頼る**という考えと結びついていたのです。）を強く提唱していました。この政策はその後の各政府によって引き継がれ、経済回復後も、**「二度と戦争をしてはいけない」**という一般国民の素朴ではあるが強い思いに支えられ、**国の守りは現状のままでよい（それで平和が保たれている）**のではないかと、**軽武装の自衛隊と共に、世界一強い駐留米軍に頼る**ことが当たり前のことになっていったのです（注）。

（注）なお、吉田茂元首相は、**昭和38年**に出版された**「世界と日本」**という本の中で、「**……防衛の面においても、いつまでも他国の力に頼る段階はもう過ぎようとしている**」と注意を促していたのです。

こうして、**自由民主党自身も、昭和30年の立党時に、「現行憲法の自主改正」を実行することを「党の使命」と決め**ていたのですが、その後、一貫して「**平和憲法を守れ**」と叫ぶ野党と、それに同調しつつ、すっかり**平和慣れ**した一般国民を前に、自主独立の気概をもって国を守るという改憲への熱意がしだいに失われたような状態が長く続いていたのです。

こうした流れの中、近年の**中国**、**北朝鮮の動向**を踏まえつつ、我が国の平和と安全の問題を直視した**安倍晋三首相（党総裁）**は、まず平成18年、「**自由民主党五十年史**」に、ようやく**改憲を党是とする記述を復活**させ、更に、平成25年2月の施政方針演説で、「**憲法の改正に向けた国民的討議を深めよう**」と国会の場で、改憲（9条を含む）に前向きな発言をして今日に至っており、今後の自民党の取り組みが注目されているところです。

なお、**憲法の前文**には、誠に残念ながら、通常あるべき**我が国の国柄**（歴史、文化等の特殊性等）についての記述が全く見当たりません。そして、憲法9条と密接な関連を有する記述として「日本国民は恒久の平和を念願し、」「**平和を愛する諸国民の公正と信義に信頼して、われらの安全と生存を保持しようと決意した。**」と書かれています。

このようないわば他人《ひと》任せの**国家の自主性・自立性を放棄**した、しかも、我が国の現実の防衛の実態とかけ離れた文言が、まだ現行憲法の中に残っていることは極めて異常なことであり、誠に残念なことです。これは9条と共通した問題を含んでいるのですが、**我が国民の精神の自立性、国家の独立性に関わる重大な問題**であり、前文とはいえ、現在の日本のありのままの姿が、速やかに憲法に明記されなければならないのではないでしょうか。

（問10の(2)の追記）

マッカーサー元帥は、後（とりわけ、昭和26年３月の幣原《しで》氏の死去後）に、９条（戦争の放棄）を憲法に入れることを**提案**したのは当時の日本の幣原首相であると語り始めました。これは、厳しい戦争を勝ち抜いた将軍が、ひととき抱いた平和への理想を敗戦国の日本の憲法に取り入れたものの、その直後にソ連との冷戦が始まり、朝鮮戦争がぼっ発して、**他国の憲法とはいえ、余りにも理想を求め過ぎたことに忸怩《じくじ》たる思いを抱き始め、後世、自分に非難が集まることを避けておこうとした**ものと思われます。

しかし、憲法制定に携わった当時の日米双方の責任者で、**９条（戦争の放棄）はマッカーサー元帥が条文化を決定**したとすることに異論を唱える者はなく、また、当時の幣原首相の閣議等における発言その他からも、幣原首相の条文化への関与はあり得ないことと考えられています（注）。

（注）ただこのことに関しては、幣原首相が昭和21年１月24日、マッカーサー元帥を訪問し、話し合った際、幣原首相が**憲法への条文化とは関係なく**、一人の国際平和論者として、**世界から戦争をなくすため、日本をはじめ世界各国が戦争をしないことを声明する**ことを話題とした際、**マッカーサー元帥が大変感激した**という幣原氏の思い出話が残されているのです。

おわりに

戦後、我が国は一度も戦争をしたことがありません。我が国の自衛隊が一定の武力を備えて守りを堅めている**本当のねらい**はそこにあるのです。元々自衛隊はその名の示すとおり、こちらから他国を侵略するためにあるのではなく、**他国からの侵略を防ぐため**にあるのです。

更に言いますと、自衛隊がいるから日本を攻めるのは止めようと**他国に日本への侵略をあきらめさせる**、即ち**「抑止力」の効果を発揮することが自衛隊の最も大切な役割**なのです。実際には**自衛隊**（「必要最小限度の実力」しか持っていない。）は、**駐留米軍**（「核兵器」をはじめ強力な軍事力を備えている。）と共に、これまで長期間にわたりその役割を見事に果たしてきました。これが憲法9条の下における**「戦後の日本」**すなわち**「平和な日本」**の実際の姿なのです。

ところで、我が国は、憲法9条（解釈）に基づくこの防衛の基本姿勢をいつまでもこのまま続けていてよいのでしょうか。

今後（というより**当面**）の防衛体制のあり方について考えてみますと、**中国という危険な国**（注1）**に対処するため、日米同盟は今後も引き続き重要である**ことに変わりはありません。ただ、未だに多くの国民の中にある米国頼りの姿勢については、基本的には「**自分たちの国は**

自分たちで守る」**という意識**に切り換えることが大切です。

また、権威主義国家とりわけ「富国強軍」を目指している中国に対抗するため、**インド太平洋地域**において、自由・民主主義国家間で**国際連携**（注２）（**必ずしも軍事的目標を持つものではありません**）を結び、中国に対する国際法秩序の順守、攻撃的、威圧的な拡張主義の抑制等に役立たせることが大切ではないでしょうか。

（注１）中国の危険については、この安全保障問題のほか、**靖国神社問題、歴史教科書問題等、いわゆる内政干渉によって日本国民の精神に打撃を与えようとする問題**もあることに留意しなければなりません。

（注２）すでに、**日・米・豪・印の４か国による戦略的枠組み「クアッド」**が成立し、令和３年３月12日、第一回目のオンラインによる**首脳会合**が開かれました。なお、これにはアセアン諸国や遠く欧州（英・仏・独等）からの参加も期待されています。

更に、もう少し先（**将来**）を展望しますと、日米同盟も永遠に続くものではないということを自覚しておかなければなりません（注）。

（注）「**永遠の敵国**というものはなく、**永遠の同盟国**というものもない。**永遠なのはただ一つ国益**

だけである。」（パーマストン）という言葉を、私達はしっかり心に留めておきたいものです。

ところで、現在の日米同盟が解消される場合には、中国の権威主義的姿勢が変わっていない限り、新たに米国を含む広く民主主義国との間で、**「相互防衛条約」**を結び、**「集団的自衛権」の抑止力**によって国の平和と安全そして国民の命を守ることができるようにしておく必要があるのです（注）。

（注）この点については、欧州が１９４９年に**ＮＡＴＯ（北大西洋条約機構）**を創設して、集団的自衛権の抑止力によって、当時の大国ソ連に対抗する方策をとった例に学ぶことができるのではないでしょうか。

その後、この**集団安全保障体制**は、精神的にも、実際上も、70年以上にわたってソ連・ロシアの侵攻から欧州を守っているのです。

しかし、今の憲法9条の下では、我が国は他国の防衛を目的とする「集団的自衛権」を行使することはできないのです（解釈を広げても、**限定的な「集団的自衛権」の行使**しかできないことについては、問7参照）。すなわち、**他の民主主義国と完全に双務的な「相互防衛条約」を結ぶことはできない**のです。

そこで、我が国としては、**日米同盟の解消が現実の問題**となる日が来る場合に備えて、それまでに米国を含む民主主義国と共に**完全な集団的自衛権を行使することができる新しい条約を結ぶため、憲法９条を普通の民主主義国並みに改正**しておくことが必要であることを、しっかり認識しておかなければならないのです(注)。

（注）憲法９条（それに関連する「前文」を含む）の改正の必要性については、すでに**問５**（22頁）、**問３の追記**（45頁）、そして**問10の⑴の追記**（56頁）で触れましたが、これらは**いずれも９条の改正をすることが望ましいのですが、改正しなくても９条の解釈により、今の文言のままで、何とか実害を生じさせることなく運用できている**のです。
ところが、ここで提言している憲法９条の改正は、**それをしないと解釈や運用では対応できず、国の存続と国民の命に直接係わる重大な問題を生じさせる**ことに深く留意して下さい。

ここで、人類の戦いの歴史を振り返ってみますと、極めて長期間にわたる「**通常兵器**」（刀、槍、弓矢等の使用）の時代を経て、19世紀には「**ダイナマイト兵器**」の時代、そして20世紀には「**核兵器**」の時代を迎えましたが、更に21世紀には「**AI兵器**」の時代が到来しようとしています。
ところで、現在の憲法９条の規定は、「ダイナマイト兵器」の時代（厳密には「核兵器」時代の幕開けの時期）に生まれています。その後「核兵器」の時代を経て、「ＡＩ兵器」の時代を迎えようとしているこの時に、**憲法９条は、果たして私たちにとって時代遅れの存在となっ**

ているのでしょうか、それとも相変わらず必要な存在なのでしょうか。

言うまでもなく、**国（政府）の最も大切な役割は、我が国の平和と安全を維持し、国民の命を守ること**にあるです。そのため、**憲法９条**は、まず、国（政府）に対しては「自衛のため必要最小限度の実力」を備えて国をしっかり守ることを求め、また、国民に対しては、「自分たちの国は自分たちで守る」という心構えを持つことを求めているのであり、**どんなに新しい兵器が生まれようと、国（政府）と国民にとって、９条そのものの存在意義が薄くなったり、なくなったりすることは決してない**のです。

なお、「ＡＩ兵器」についてもその破壊力等から、「核兵器」の場合と同様「**ＡＩ戦争に勝者はない**」ことが人類共通の思いとなり、その所有国によって**使用が抑止されるよう期待したい**ものです。

締めくくりに、読者の方にお願いが二つあります。

まず、これを読んでいただいている皆様方のうち、まず**学校の先生方**に、是非お願いしたいことがあります。

国をしっかり守るには、まず何よりも**国（政府）自らが堅実な防衛力（抑止力）を備えて**おくことが必要であることは言うまでもありません。しかし、それと共に、**国民一人ひとりが「国**

を愛する心・態度」を正しく学習し、「自分たちの国は自分たちで守る」という心構えをしっかり身につけていることが大切であり（問８参照）、**この両方がそろってはじめて国の守りは万全となる**のです。そして、国民一人ひとりがこの心構えをつくるには、学校の先生方の役割が重要であることについては前述したとおりです（問８の追記参照）。

このように、国（政府）と共に**学校の先生方も、実は、我が国を守るという極めて大切な仕事に深く携わっておられる**のです。先生方には、これまで以上にこのことを自覚されて、子供たちへの教育活動に取り組んでいただくことを期待しています。

次に、憲法（改正を含む。）への向き合い方について、**すべての皆様方**にお願いしたいことがあります。

憲法については、これまで多くの皆様方は、**大切なもの**かもしれないが**身近なものではない**ため、もっぱら国会にまかせておけばよい（憲法改正の場合、すべての国民が国民投票に参加することについては、39頁の問10の(1)参照）と考えてこられたのではないでしょうか。

ところが、最近、ある新聞社が行った**世論調査**（66～67頁）によりますと、参加者のうち、**国会で憲法改正についてもっと論じ合うよう求めている人たちが65%**を占め、また、**次の衆議院議員選挙で投票する候補者や政党を決めるとき、憲法についての考え方を判断材料にするという人たちが59%**もいることが明らかになりました（注）。

（注）このような結果が出たのは、最近の中国の尖閣諸島に対する軍事的脅威の増大や新型コロナウイルスの猛威に対応するための現行憲法のあり方と政府、国会の実際の対応振り等を、しっかり見てきたからではないでしょうか。

この世論調査の結果は、国民の多くが、**憲法に対する国会での取り組みに真剣さ、力の入れ方が不足**していることを憂え、そこでこれまでとは違って、**憲法を自分たちのものとして、国会にまかせるだけでなく、自分たちももっと前向きにかかわっていこう**という健全な意識・姿勢が芽生《めば》えつつあることを示しているのではないでしょうか。

皆様方のこの姿勢が、一過性のものとして終わることなく、確かなものとして着実に引き継がれていくことを願っています。

我が国の末永き平和と発展を願いつつ

（参考）――その一
読売新聞世論調査（令和3年5月3日付朝刊）
―憲法9条に関連するものを中心に―

・質問は要約
・数字は％
・（注）は筆者

1　憲法一般について

問　あなたは、今の日本の憲法のどのような点に関心をもっていますか（回答の上位3つを掲載）。

・戦争放棄・自衛隊の問題　48
・環境問題　43
・緊急事態への対応の問題　43

問　今の憲法を、改正する方がよいと思いますか、改正しない方がよいと思いますか。

・改正する方がよい　56

（注）賛成が反対を上回っているのは、中国の軍事的脅威や、コロナ禍に、今の憲法で適切に対応できるのか、国民が疑問に思っているからではないでしょうか。

・改正しない方がよい　40

（注）理由としては、「世界に誇る平和憲法」だから、「軍事大国への道を開くことになる」から、と考えているのです。

・答えない　4

（注）なお、憲法改正に消極的な**朝日新聞**（**必要45％、不要44％**）と**毎日新聞**（**賛成68％、反対31％**）の調査でも、その読者は、読売の読者と同様の結果を示しています。

2　本書の問2と問3に関係するもの

問　戦争の放棄を定めた9条1項は、改正する必要があると思いますか、ないと思いますか。

・ある　16
・ない　80
・答えない　4

問　戦力を持たないことなどを定めた第2項についての改正の必要はどうですか。

・ある　46
・ない　47

（注）本書の「おわりに」の最後に述べた我が国の「集団的自衛権」の抑止力の必要制を理解すれば、この数字は逆転するのではないでしょうか。

・答えない　7

問　憲法9条をめぐる問題について、政府はこれまでその解釈や運用によって対処してきました。今後、どうすればよいと思いますか。

・これまで通り、解釈や運用で対処する　41
・解釈や運用での対応は限界なので第9条を改正する　37
・9条を厳密に守り、解釈や運用では対処しない　15
・その他と答えない　7

３　本書の問５に関連するもの

問　自民党は、憲法９条２項を維持した上で、自衛隊の根拠規定を追加する案を検討しています。この案に、賛成ですか、反対ですか。

・賛成　55
・反対　38
・答えない　7

４　本書の問６に関連するもの

問　日本は、アメリカとの同盟関係を強化すべきだと思いますか、思いませんか。

・思う　26
・どちらかといえば思う　56
・どちらかといえば思わない　13
・思わない　3
・答えない　2

５　本書の問７に関連するもの

問　集団的自衛権を限定的に認めている「安全保障関連法」を評価しますか。

・評価する　53
・評価しない　41
・答えない　5

（注）合計が１００になりませんが、原稿どおりとしました（次問も同様）。

問　「安全保障関連法」は、アジア太平洋地域の平和と安全に役立っていると思いますか。役立っていないと思いますか。

・役立っている　60
・役立っていない　34
・答えない　7

６　その他

問　あなたは、各政党が、憲法に関する議論をもっと活発に行うべきだと思いますか、そうは思いませんか。

・もっと活発に行うべきだ　65
・そうは思わない　30
・答えない　5

問　あなたは、今年の衆議院選挙で、投票する候補者や政党を決めるとき、憲法への考え方を判断材料にしますか、しませんか。

・する　59
・しない　38
・答えない　3

（参考）――その二　米・中対決の中で、中国側の動きについて留意すべき点

今後の我が国の防衛のあり方すなわち**憲法９条の下での国の守り**を検討するに当たっては、引き続き軍備拡大を強めると共に、国際秩序を脅かし、力で一方的な現状変更をしようとしている**中国の動向を的確に把握**しておくことが重要です。

そこで、まず、中国の**歴史的にみた国家の特異性**と、これまであまり触れられていない**最近の際立った動向**について説明した後、しめくくりに、それに対する最近の日米を中心とする自由・民主主義国家の新しい動きについて簡潔に触れておきます。

〈**歴史的にみた国家そのものの特異性**について〉

まず、我が国が中国と遺憾なく交流を続けるためには、歴史的に見て、**中国の指導者に次の２つの在念が深く刻み込まれている**ことを、しっかり心に留めておくことが重要です。

・長く、厳しい他民族との興亡の歴史の中で、徹底して身につけた**国家・民族間の相互不信の感覚**が基本にあり、従って**自ら経験したことのない「個人の尊厳」「自由」「民主主義」「法の支配」等を歴史の教訓として受入れあるいは尊重する姿勢がまったくない**こと。

・また、19世紀から20世紀にかけて、**日・米・英・仏・独等のかつてのいわゆる帝国主義国**

家から受けた屈辱（アヘン戦争、日清戦争、義和団事件等に伴うもの）を晴らしたいとの執念、これにかつての**米・加・豪による文明化、近代化を大義とするそれぞれの先住民族の抹殺の歴史の記憶**も加わって、現在の権威主義、拡張主義へと駆り立てていること。

次に、中国は、**現行の「国際法」は中国の弱体時に西洋諸国がつくり、それを一方的に押しつけようとするものであり、「無効」**であると主張しつつ、近年、経済力、軍事力の強大化を背景に、**自国中心の一方的な内容の法律を制定し、それを自国の「核心的利益」として他の国・地域等に強制**していることに留意することが必要です。

〈**最近の国家の動向**として注目すべき点について〉

まず、最近、日・米・欧等の**自由・民主主義体制の国々**と、中・ロ等の**権威主義体制の諸国**との間の対立が深まり、世界は今や「**分断の時代**」へと向かっています。

こうした中、中国は「**一帯一路**」政策等により、世界の仲間づくりに積極的で、スウェーデンのある組織の調査結果によりますと、２０１９年には世界中で**非民主主義国家・地域は92**となり、**民主主義国家・地域の87**を上回っているのです。

そして、世界中の民主主義を経験しながら未だに定着していない国々では、「**不安定な民主主義**」より「**安定した権威主義**」に期待する動きが強まっています。それは、今回のいわゆるコロナ禍に対する米・中の対応と克服の仕方（**国の意思決定に時間がかかるか、即断即決か**）

を見て、一層促進されたと思われます。

また、東南アジアから中東にかけての**強権的指導者が支配している国々**においては、欧米からの**人権批判を嫌悪**し、この点からも中国流の**「不干渉主義」に共鳴**して、巨大な勢力圏を形成しつつあるのです。

更に、中国の習近平国家主席は、2017年の党大会で、「**中華民族の偉大な復興**」を叫び、**「今世紀半ばには、覇権国家の米国を抜いて世界の諸民族の中で聳《そび》え立つ」と宣言**しました。そしてそれと並行して、他民族（新疆ウイグル地区住民等）の**人権の弾圧**（注）、**力による一方的な現状の変更**（南シナ海問題）、**国際条約の無視**（香港の民主団体の一掃）等、強権的な活動を次々と行なってきました。

（注）中国では、「**滅満興漢**」を唱えた辛亥《しんがい》革命（1911年）の後、満州族を弾圧し、**今や満州語を話す人はいなくなった**のです。近年、**ウイグル、チベットでさまざまな人権を無視した同様の「同化政策」が実施**されてきているのです。

締めくくりに、以上のような**中国の存在とその動き**（注）に対して、**日米を中心とする民主主義諸国の対応の動き**について、手短かに触れておきます。

（注）その前に、まず、欧米諸国には見られない**日中間の歴史的結びつきの深さと我が国の独特な立場**について、コメントしておきます。

我が国は、海を隔てて隣接した**当時の先進大国中国**とは、古代から主従関係（朝貢関係）は断ちながら深い交流を続け、政治、社会、経済の諸制度のほか、文化・芸術、思想、宗教等の**あらゆる分野で、我が国にとって良いところだけを取り入れながら、我が国独自の制度・文化等をつくり上げてきた**のです。

我が国のこうした歴史の流れを研究し、「**日本は世界の八大文明の一つ**」と評価された米国の国際政治学者**Ｓ・ハンチントン氏**は、東アジアにおける日本の将来のあり方について、次のように提言されています。

「日本と中国と米国の三国の相互関係こそ、東アジアの政治の核心である。」

「東アジアの将来の平和と幸福は、日本と中国が、共に生き、共に進む道を見つけることにかかっている。」

こうして、我が国と中国とは、欧米諸国とは異なり、**歴史的、地理的に極めて近い仲間**であり、今でも、**経済の分野では深いつながり**（**２００７年以降、輸出入総額で首位**）が続いています。そして、目下、我が国は、中国に対してハンチントン氏の提言の趣旨通り、諸事万端にわたり**「協調」と「対決」の基調を保ちつつ、共に生き、共に進むため慎重な行動をとっている**のですが、こうした我が国の行動は素直には理解されず、米欧側からも中国側からも**どっちつかずの姿勢と見なされる**ことがあるのは、誠に残念なことです。

まず、前述した習近平国家主席の宣言に対しては、米国トランプ大統領時代の**ポンペオ国務長官**は、**中国が非民主的体制のまま世界の覇権国家になることは絶対に許してはならないという決断**から、２０２０年７月、**世界の「自由」を守ろうと民主主義諸国に団結を呼びかけ**ました。我が国は、我が国の存立と安全保障に重大な影響を及ぼす恐れのあるこのような**中国の野望の実現を阻止**し、**自由と法の支配を基調とする国際秩序を守る**ため、米国を中心に、自由・民主主義諸国と共に行動しなければなりません。

次に、**米国においてバイデン大統領誕生（２０２１年１月20日）後の日米を中心とする対中国政策**について触れておきます。

バイデン政権は、中国の台頭に伴い、新たに**インド太平洋を世界の地政学上の中心領域と位置づけ**ています。そして、バイデン大統領は、前述したとおり、早々と２０２１年３月12日、**日米豪印の４か国（クアッド）との間でオンラインによる首脳会合**を行ない、４か国の協力は、インド太平洋の平和と安全、繁栄のために不可欠であることを確認し合ったのです。

次いで３月16日、**日米の外務・防衛担当閣僚の間でいわゆる「２プラス２」の会合**が東京で開かれ、**両国はインド太平洋で米国が安全保障戦略を展開する上で、中国に対するいわゆる最前線に位置する日本と結んだ日米同盟を最も有力な基盤と位置づけると共に、この日米同盟の抑止力を強化して平和を保つことに力を注ぐことの大切さを確認し合った**のです。

なお、遠く**欧米諸国**においても、最近の中国が南シナ海や東シナ海で覇権的な行動をとっていることに注目しつつ、**インド太平洋における法秩序の維持、現状変更の監視、航行の自由等**に強い関心を抱き、**イギリス**（注）、**フランス、ドイツ**はこの地域に艦船を派遣することとしています。また、**オランダ**更には**欧州連合（EU）**でも、インド太平洋戦略の策定を目指す意欲を示しているのです。

（注）最近、英国政府は、**国家戦略の重心をインド太平洋に置く**こととし、インド太平洋で国際秩序を乱している中国を警戒しつつ、**日本を「最も緊密な戦略パートナー」と位置づけ**ています。

こうして、インド太平洋における対中シフトは始まったばかりですが、今後も引き続き**自由・民主主義国の世界的連携の強化**（注）**により、中国の野心を戦わずして収束に向かわせることが何よりも大切なこと**ではないでしょうか。

（注）この世界的連携の強化には、まず**北米**（カナダを含む）、**アジア**（クアッドを中心）そして**欧州**（EU）の諸国の間の**乱れのない結束の強さ**が求められますが、それと共に、これらの国々を合わせた**経済力、軍事力の優位による抑止力の効果を高める**ことが重要です。

また、アジア地域に限定して考えますと、これまで米国の西太平洋における唯一の最前線となっている沖縄について、この際「**日本**（沖縄）―**台湾**―**フィリピン**」**を新たな**「**対中防衛線**」として設定する（沖縄の負担軽減にもつながる）構想について、米国と協議すること、また、東南アジア諸国の中でも中国の膨張に脅威を感じている**フィリピン**、**ベトナム**、**インドネシア**との結びつきの強化について、米国と共に努力することが大切ではないでしょうか。

このほか、**いわゆる第三世界の国々**（そのうち、まだ中国寄りでないおよそ3分の2の100か国前後）との間で、日頃から親善交流を深め、国連等で民主主義国と一体としての行動がとれるようにしておくことが重要ではないでしょうか。

なお、中国はこれらの対中包囲網を分断するため、**ロシア**、**イラン**など、米国から制裁を受けている強権国家と連携するほか、**中国経済に依存する国々の締めつけ**に懸命なのです。

こうした動きの中、4月16日（現地時間4月17日）、**菅首相はバイデン新大統領がホワイトハウスに迎え入れた最初の首脳**となりました。こうして米国は、中国が策動し、期待する「**日米分断**」の余地がないことを大統領自らが確認し、前述した3月中旬以来の外交展開に一区切りをつけたのです。そして、**日米共同声明**では、中国を念頭に置きつつ「**台湾海峡の平和と安定**」「**両岸問題の平和的解決**」を表明し、「**台湾問題**」（注）を両国にとって最も厳しい戦略的現実として受け止めているのです。

（注）**台湾**は、日清戦争の後、日本に奪われた島であり、また、国共内戦で敵将の蒋介石が逃げ込んだ島でもあり、**清帝国の領域復活をナショナリズムの核**に据えている中国共産党にとって、絶対に奪回しなければならない島なのです。

なお、英国で2021年6月13日まで開かれていた**先進7か国首脳会議（G7サミット）**において、米国が主導して発表された「**首脳宣言**」では、国際秩序に挑戦する**中国の行動に対して民主主義国が結束して対抗する決意を鮮明に打ち出しました**。こうして、ヨーロッパ諸国も**中国への認識を共有**しているのですが、**中国への姿勢の具体論**については、米国とヨーロッパ諸国との間には温度差があるようです（注）。そこで中国は、利害の一致するロシアと共に、早速、G7の結束切り崩しの構想を見せており、**民主主義国は日米の努力により、今後も引き続きより強い結束を図る**ことが求められているのです。

（注）会議終了後の個別の記者会見で、例えば、バイデン大統領が「民主主義と**世界中の独裁政権との闘争だ**」と強調しているのに対し、ヨーロッパ側では、独のメルケル首相は、単に「**中国の人権改善の進展が必要である**」と指摘し、仏のマクロン大統領は、中国への危機感を理解しつつも、「**G7は中国に敵対するクラブではない**」と述べ、伊のドラギ大統領は、「**中国には強硬姿勢はとらない**」と極めて控え目な発言をしているのです。

なお、中国は目下、**台湾併合**の準備を進めていますが、それは**２０１４年のロシアのウクライナ占拠**の際にとられたいわゆる「**混合戦争**」の方式で実現しようとしているようです。最新の情報に基づいて、手短かに説明しておきます。

台湾に対してはすでに、当局には様々な**政治的、経済的な圧力**を加えつつ、一般の人々には台湾海峡で最新の兵器による**軍事演習**を度々行なって脅かしをかけ続けています（心理戦）。それと共に、**サイバー攻撃**（いわば技術的暴力）をしだいに強め、やがては軍事施設、空港、港湾のほか、発電所、水源地、通信施設等の重要な機能を破壊して、台湾全土に大混乱を発生させ、時が来れば、軍服を着用せず漁師の姿をした「**海上民兵**」**が台湾上陸を開始**し、中央、地方の政府や議会の庁舎をはじめ重要な施設を次々と占拠していくのです。その後、**中国人民解放軍**は、事態の収拾と称して活動を開始し、**台湾全土の併合を完成**させるのです。

こうして中国では、世界からの非難をできるだけ弱めるため、**非国家主体を使って、国家による明白な武力行使（戦争）とは判断し難い（従って、台湾の同盟国は、中国への軍事行動を起こしにくい）形での台湾併合の準備**を着々と整えていると推測されています。

このような中国の混合戦争への対策として、我が国としては「**台湾有事は日本の有事である**」との認識の下に、「**自由で開かれたインド太平洋構想**」を中核にして、まず、**日米豪印の４か国（クアッド）**の結束を強化することが大切です。その上で、歴史的にもこの地域に強い関心を抱く**英独仏蘭等を加えた民主主義国**との連携を強めて、**台湾を併合しても、長期的に見れば**メリットよりも失うものの方が大きいことを悟らせるなど、**中国に対する抑止力を高め続けることが重要**なのではないでしょうか。

そして、そのためにも、まず、我が国自身について、**「自国の安全は自分で守る」ことを原則に防衛力の増強**に努めると共に、対中経済関係を前提とした**経済安全保障政策の策定**に取り組むことが急務ではないでしょうか。

世界（人類）がいつまでも平和で豊かに存続できることを願いつつ

（追加）

２０２１年、アジアで二つの重大事件が発生しました。二月の「ミャンマーにおける軍事政権の成立」と、八月の「アフガニスタンにおけるタリバンの全土の実権掌握」です。

これらが「分断の時代」の世界にどのような影響を及ぼすのか、民主主義陣営（米国中心）と権威主義陣営（中国中心）の対応と成り行きから目が離せない状況が続いています。

著者略歴

逸見 博昌（へんみ・ひろまさ）

昭和7年京都市生まれ。東京大学法学部卒業後、昭和37年文部省入省。文部大臣秘書官、初等中等教育局地方課長、財務課長、大臣官房総務課長、文化庁文化部長、大臣官房審議官（初中局担当）、高等教育局私学部長等を経て体育局長。平成4年文部省退職。
文部省退職後、日本体育学校健康センター理事長、世界陸上大阪大会事務総長等として勤務。並行して平成4年から学校法人目白学園理事（非常勤）、理事長（常勤）として平成26年まで勤務。
著書に『こんな教師になってほしい：戦後の歴史から学んでほしいもの』（悠光堂、2017年）、『もっと知ろう！：国を愛するこころを育む歴史と文化』（悠光堂、2019年）がある。

憲法9条を知るための「10の問答」

国の平和と安全、国民の命は
どのように守られているのか

2021年10月1日　初版第一刷発行
2022年 3月1日　初版第二刷発行

著　者　逸見 博昌
発行人　佐藤 裕介
編集人　遠藤 由子
発行所　株式会社 悠光堂
〒104-0045 東京都中央区築地6-4-5
シティスクエア築地1103
電話：03-6264-0523　FAX：03-6264-0524
http://youkoodoo.co.jp/
デザイン　株式会社 キャット
印刷・製本　株式会社 シナノパブリッシングプレス

無断複製複写を禁じます。定価はカバーに表示してあります。
乱丁本・落丁本は発売元にてお取替えいたします。

ISBN978-4-909348-36-4　C0031

©2021 Hiromasa Henmi, Printed in Japan